Logopedia²

Ćwiczenia i wierszyki z głoskami

Spis treści

Ćwiczymy głoski: ś, ć, ź, dź • 6
Ćwiczymy głoski: s, z, c, dz • 15

WIERSZYKI ĆWICZĄCE JĘZYKI • 23
Śpiący cietrzew • Janusz Jabłoński • 24
Szczygieł i jemiołuszka • Janusz Jabłoński • 25
Dźwięki i brzdęki • Krzysztof Żywczak • 26
Jesień • Janusz Jabłoński • 28
Co jeść? • Krzysztof Żywczak • 30
Giez znad Bzury • Janusz Jabłoński • 33
Świergotanie na polanie • Krzysztof Żywczak • 34
Kadź w Dźwinie • Krzysztof Żywczak • 36
Ślimak • Janusz Jabłoński • 38
Oferta • Janusz Jabłoński • 39
Pichcenie bucht • Krzysztof Żywczak • 40
Goguś Boguś • Krzysztof Żywczak • 41
Dziwny wierszyk • Krzysztof Żywczak • 42
Biesiada w lesie • Krzysztof Żywczak • 45
Siedem misiów • Krzysztof Żywczak • 46
Kazio zielarz • Krzysztof Żywczak • 48
Maciek, Miecio i kicia • Krzysztof Żywczak • 50
Kotki-psotki • Janusz Jabłoński • 53
Wiosenna sanna • Anna Willman • 55
Pocieszna Czeszka • Anna Willman • 56
Śledztwo śledzia • Anna Willman • 58
Kuracja w mazi • Anna Willman • 60
Co lubią ćmy? • Anna Willman • 62

Od Autorki

Książka została opracowana z myślą o tych, którzy cenią sobie mądry i wartościowy wypoczynek. Warto spakować ją do plecaka i zabrać ze sobą na weekend, wycieczkę czy wakacje. Można też oczywiście czytać ją w domu, wspominając gorące lato i marząc o... kolejnych wakacjach.

Zawsze i wszędzie – na plaży, w pensjonacie, na biwaku czy podczas długiej podróży – warto dbać o piękną wymowę, ćwiczyć narządy artykulacyjne, pracować, a przy tym świetnie się bawić.

Niniejsze opracowanie, z którego mogą korzystać logopedzi, rodzice i wychowawcy, przekonuje, że terapia nie musi być żmudnym obowiązkiem. Dziecko nie musi ćwiczyć, siedząc przy biurku i tęskniąc za zabawą w ogrodzie. „Logopedia" – idealna na pogodne i pochmurne dni – łączy zabawę i terapię.

Publikacja została podzielona na następujące rozdziały:

1. ĆWICZYMY GŁOSKI: Ś, Ć, Ź, DŹ
2. ĆWICZYMY GŁOSKI: S, Z, C, DZ

Cele książki

Logopedyczny
Utrwalanie poprawnego brzmienia głosek szeregu szumiącego, ciszącego, syczącego w logotomach, wyrazach, zdaniach prostych i złożonych.

Edukacyjny
• Nauka geografii – utrwalamy nazwy miast, państw, krain geograficznych, rzek, jezior.
• Nauka historii – wskazujemy zabytki, muzea, zamki, pałace, malownicze ruiny i inne ciekawe miejsca.
• Wzbudzanie uczuć patriotycznych – zwracamy uwagę na piękno ojczystej ziemi, prezentujemy miejsca bliskie sercu każdego dużego i małego Polaka.
• Propagowanie sportu i aktywnego stylu życia – wskazujemy pozytywne wzorce spędzania wolnego czasu: bohaterowie ćwiczeń, spacerują, biegają, grają, pływają, uprawiają sporty, podróżują, przemieszczają się, są w ciągłym ruchu.
• Popularyzowanie czytelnictwa – bohaterowie odwiedzają biblioteki, kiermasze książek, kupują książki, czytają i zachęcają innych do czytania.
• Wychowywanie przez kulturę – wraz z bohaterami zdań wybieramy się do teatru, filharmonii, słuchamy muzyki poważnej, arii operowych, udajemy się na wystawę malarstwa.

Rodzicu!

Jeżeli twoje dziecko ma wadę wymowy, udaj się do specjalisty, który pokieruje terapią. Nie działaj na własną rękę i nie stosuj ćwiczeń bez konsultacji z logopedą.

1. ĆWICZYMY GŁOSKI: Ś, Ć, Ź, DŹ

Ćwiczenia artykulacyjne
- Wysuwaj i cofaj język za zęby (w płaszczyźnie poziomej).
- „Licz" zęby językiem, dotykając je po kolei.
- Oprzyj czubek języka o dolne zęby i wypychaj go.
- Ściągaj wargi w dzióbek.
- Rozciągaj wargi w uśmiechu.
- Wciągaj policzki do środka, a potem wypychaj je na zewnątrz jamy ustnej.
- Ruszaj dolną wargą w prawo i w lewo.

Ćwiczenie trudnych artykulacyjnie głosek w logotomach
Na naszą planetę przylatują sympatyczne Ciszki. Ich pojazd ląduje na wiejskim podwórku. Ciszki spacerują, poznają okolicę i nazywają świat po swojemu. Pobaw się, proszę, z przybyszami i naucz się kilku słów w ich języku:

świnia ▶ sia-sio-siu
stajnia ▶ się-sio-sia
koń ▶ cia-cie-cia
stodoła ▶ cio-ci-ciu
krowa ▶ zia-ziu-zia
kurnik ▶ dzia-dziu-dzi
kogut ▶ sio-dzia-dzia
kura ▶ zia-si-zia
koza ▶ dzie-dziu-zia
kaczka ▶ sia-cia-cia
gęś ▶ dzi-sia-zia

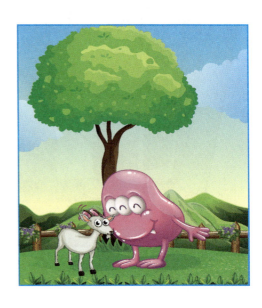

Ćwiczenie trudnych artykulacyjnie głosek w wyrazach

1. Połącz elementy na obrazkach z odpowiednimi wyrazami:

pociąg • jezioro • dzieci • dorośli

 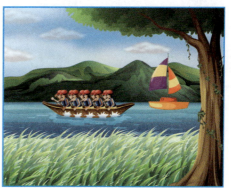

• łódź • młodzież • sitowie • wioślarze

2. Połącz elementy na obrazkach z odpowiednimi wyrazami:

• zdjęcia • turyści • dziewczynka • huśtawka

• księżyc • kościół • książka • wiśnie

ĆWICZYMY GŁOSKI: Ś, Ć, Ź, DŹ

3. Połącz elementy na obrazkach z odpowiednimi wyrazami:

• prosięta • dzik • niedźwiedź • ścieżka

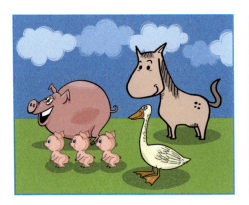 

• źrebak • gęsi • świnia • ścieżka

Zdania proste i złożone utrwalające poprawne brzmienie „ś", „ć", „ź", „dź"

1. Rysiek ostrożnie zajrzał w przepaść.
2. Ciocia Basia odwiedziła chrześnicę.
3. Basia śpi pod cienką muślinową pościelą.
4. Zdzisio siedzi w cieniu na tarasie.
5. Krysia odwiedziła siostrę w Ciechanowie.
6. Ciocia ugościła siostrzeńców, a na śniadanie usmażyła maślaki i koźlaki.
7. Pociąg wiezie roześmiane dzieci do Cieszyna.
8. Baśka śpieszy się na pociąg do Siedlec.
9. Marcin jest wioślarzem.
10. Zosia chciała spać na sianie w stodole cioci Wandzi, ale dziadziuś Zdzisio się nie zgodził.
11. Myśliwy chciał zjeść stek z dzika w sosie z maślaków.

12. Nadwiślańskie świerki oświetlał sierp księżyca.
13. Dzieci jechały w ścisku do Przemyśla, w przedziale pełnym wściekłych turystów ze Śląska.
14. Marysia huśta się na huśtawce Zosi.
15. W niedzielę teść poprosił Kaśkę na chrzciny.
17. Kasia i Staś śpiewają pieśń o ciepłym lecie.
18. Gościnna Bośnia nawet gdy się ściemni, niesie radość turyście.
19. Rysiek szuka przejścia przez Trześniówkę.
20. W sierpniową noc Zdziś chodził po ciemnym dziedzińcu.
22. Madzia szuka przejścia granicznego w Świecku.
23. Marysia podziwia katedrę gnieźnieńską.
24. Na wsi pod Świdnikiem Zośka widziała śliczne prosięta.
25. Dziadek podziękował rodzinie za gościnę w Działoszynie.
26. Kasia wyjechała do Ścinawy.
27. Dziewczynki widziały w zagrodzie gęsi i śliczne świnki.
28. O świcie bociany siedziały cicho w gnieździe, by dzieci nie mogły ich widzieć.
29. Rysiek leci śmigłowcem nad jeziorami.
30. Staś niesie wiśnie i czereśnie dla Zosi.
31. Franuś krzywi się, pijąc kwaśny sok z wiśni.
32. Kasia pości, aby się zmieścić do ciasnej, zielonej sukienki.
33. Dzieci cieszą się ciepłym świtem i radośnie biegają po rosie.
34. W sierpniu Marcin zwiedził ościenne państwa.
35. Staś podziwia dziką różę w ogrodzie Małgosi.
36. Justysia chodzi po grodzisku w Siodłonie.
37. Stasiek zaprosił Baśkę na swoją łódź.
38. Aśka brzydzi się ślimaków i krzywi się, gdy je widzi na ścieżce.
39. Zdzisia kładzie się spać w zielonym śpiworze.
40. Gabrysia zwiedziła kościół w Nowym Tomyślu.
41. Marysia głośno śpiewa śliczną pieśń o Wiśle.
42. W sierpniu ciocia Jadzia jedzie do Świnoujścia.
43. W Wiśle Kazio widział śliczne źrebaki.

ĆWICZYMY GŁOSKI: Ś, Ć, Ź, DŹ

44. Zdziś ze zdziwieniem obserwuje ściąganie sieci z łodzi.
45. Podczas śniadania ciocia Krysia czytała książkę o dzikich ludziach.
46. Stasia kąpie się w ciepłych źródłach.
47. Nad brzegiem jeziora Śniardwy leży wieś Niedźwiedzi Róg.
48. Silny wiatr poprzewracał łodzie na jeziorze.
49. Wśród sitowia lśniło jezioro Roś.
50. Marcin spędził miesiąc nad jeziorem Nidzickim.
51. Stasiek zaprowadził Kasię do leśniczówki.
52. Bliźniaczki Jadzia i Lusia jadą do dziadzia.
53. W sierpniu była powódź w Siedlcach.
54. Wiesiek spędził tydzień u rodziny w Idzikowicach.
55. Dzieci cieszą się z wycieczki do Ciechocinka.
56. Zdzisiek śledzi zachowanie śledzi.
57. Kasia podziwia Świnoujście.
58. Wychowawca nagrodził Baśkę za wzorowe zachowanie na obozie w Świebodzinie.
59. Wiesiek posadził czereśnię w ogrodzie.
60. Marcin robił zdjęcia na przyjęciu u rodziny w Ślemieniu.
61. Dzieciaki zabrały zimny prowiant na wycieczkę do Leśmierza.
62. Po śniadaniu Zosia pojedzie do dziadków na wieś.
63. Siostra Gabrysi myśli o wyjeździe do Szczucina.
64. Leśniczy chodzi po lesie i szuka śladów dzika.
65. Marcin na zdjęciach z Doliny Pięciu Stawów widział niedźwiedzie, świstaki, kozice i rysie.
66. Marysia odwiedziła ciocię w Łukęcinie.
67. Maciek zacumował łódź przy pomoście.
68. Kasia chodzi po Ogrodzieńcu.
69. Joasia je apetyczne wiśnie.
70. Zdziś huśta siostrzyczkę na huśtawce.
71. We wsi Boćki Basia widziała bociany.
72. Dziadek Marysi pochodzi z Bęćkowa.

73. Staś i Zosia spacerują przy świetle księżyca.
74. Dzieci ze Śląska cieszą się z wyjazdu na Zieloną Szkołę.
75. Jaś wspiął się na wzgórze Zielonka, by zobaczyć ujście Świny.
76. Piotruś nastawił budzik, by wstać o świcie i wyruszyć do Świebodzina.
77. W środę państwo Śliwińscy wyjeżdżają z dziećmi na wycieczkę do Sędziszowa.
78. Siwy dziadek uśmiecha się do wypoczywających dzieci.
79. Zdziśka dźgało zielone źdźbło w sianie.
80. Zięba głośno się rozśpiewała i zachwyciła dzieci.
81. Marysia uśmiecha się ślicznie do wioślarza.
82. Kasia marudzi przy piciu maślanki.
83. Baśka zrobiła zdjęcia bocianom czarnodziobym.
84. Na wycieczce do Kościerzyny dzieci ciągle psociły.
85. Marcin poci się z ciepła.
86. Jaś wrócił z Siewierza.
87. Stasia śpi w śnieżnobiałej pościeli.

ĆWICZYMY GŁOSKI: Ś, Ć, Ź, DŹ

88. Dziadek Maćka ma działkę w Kędzierzynie-Koźlu.
89. Marcin dziękuje cioci Krysi za gościnę.
90. Dziadek czyta wnusiowi baśń o Śpiącej Królewnie.
91. Zosia dzwoni do rodziny w Świnkowie.
92. Jędruś wypoczywa w ośrodku „Zacisze" przy ul. Leśnej 1.
93. Marcin siedzi na łodzi i wyciąga sieci.
94. Dyzio boi się dzików w lesie.
95. Marcin zazdrości Zosi wczasów w Świnoujściu.
96. W Jezioranach na dzieci czeka wiele niespodzianek.
97. Walduś zamówił śledzia w śmietanie.
98. Rysiek opowiada dowcipy, rozśmieszając Krysię.
99. W lesie była mokra ściółka i Kasia nie mogła usiąść.
100. Maciek chodzi po świerkowym lesie.
101. Zimny piasek zniechęcił kapryśną Madzię do wejścia na plażę.
102. Kazik widział w lesie niedźwiedzie.
103. Nad jeziorem Małgosia poprosiła o świeżą sielawę.
104. Mała Kasia śpi w autobusie na kolanach mamusi.
105. Łódź stała na wyciągarce.
106. Marcin jedzie quadem po drewnianej kładzie.
107. Marysia wyjaśnia gościom, jak dojść do wyjścia.
108. Dziadek snuł ciekawe opowieści o dziejach ziemi cieszyńskiej.
109. Kasia ogląda zdjęcia z wakacji w Nowogardzie.
110. Krzyś wcześnie dziś wstał, aby zobaczyć o świcie jezioro Nidzickie.
111. Zdziś na leśnej ściółce codziennie ćwiczył przysiady.
112. Góry Świętokrzyskie przyciągają młodzież, rodziców z dziećmi i dziadków z wnusiami.
113. Dzieci ścigały się, śmiejąc się głośno i radośnie.
114. Dzikie świnie żywią się żołędziami.
115. Krysia ma dziadków na wsi i chętnie ich odwiedzi.
116. Bocian brodzi w błocie.
117. Zygmuś przyniósł Krysi garść czereśni.
118. Grzesiek uciekał przed dzikiem i wspiął się na świerk.

119. Mimo ciepłego dzionka w cieniu było zimno.
120. Franuś nigdy nie widział prawdziwej kuźni.
121. Rześkie powietrze obudziło śpiącą Antosię.
122. Madzia gromadzi rośliny do swojego zielnika.
123. Krzyś spędził sierpniowy wieczór, bawiąc się aż do świtu na imprezie z przyjaciółmi.
124. Zygmuś znakomicie naśladuje odgłos dzięcioła.
125. Ciocia Basia chce pojechać do siostrzenicy i złości się, bo nie może dostać urlopu.
126. Złośliwy cieć zamknął bramę ośrodka i wściekli turyści musieli przechodzić przez ogrodzenie.
127. Maciuś huśta się na krześle i udaje, że pędzi przez dzikie prerie.
128. Marysia odwiedziła rodziców w Krośnie.
129. Wiesiek płynie ślizgaczem poprzez jezioro.
130. Ciocia Stasia z radością przyjęła wiadomość o przyjeździe Zdzisi.
131. Na obozie dzieci codziennie pływały łodzią.
132. Małgosia i Joasia śpią ściśnięte w ciasnych śpiworach.
133. Dziadek przyciska powązem siano na wozie.
134. Madzia pomaga cioci Stasi plewić grządki.
135. Dźwig wyładował towar w porcie.
136. Marcin i Jędruś grają w siatkówkę.
137. Krysia i Marysia rozmawiają o pogodzie w Świecku.
138. Podczas sierpniowych upałów Maciek chłodził się w zimnej wodzie jeziora Roś.
139. Rysiek poucza dzieci, jak należy się zachowywać w lesie.
140. Staś podziwia jezioro oświetlone blaskiem księżyca.
141. Małgosia śmiała się głośno z dowcipów Maćka.
142. Sierp księżyca oświetlał śliczny las liściasty.
143. Hałaśliwa zięba obudziła Krzysia.
144. Małgosia pije zimną wodę ze źródełka.
145. Łódź Gabrysia osiadła na mieliźnie.

ĆWICZYMY GŁOSKI: Ś, Ć, Ź, DŹ

146. Wiesiek codziennie ćwiczył na osiedlowej siłowni, aby mieć wspaniałe mięśnie.
147. Marysia huśta się w hamaku.
148. Maćkowi uciekł autobus i musiał iść pieszo aż do śródmieścia Łodzi.
149. Powściągliwa Marysia nie uściśnie Zdzisia.
150. W środę Maciek jedzie na Święto Śledzia.
151. Joasia ma prześliczny kapelusik – idealny na słoneczny dzień.
152. W Ciechocinku goście bawili się przy piosenkach Urszuli Sipińskiej i Zdzisławy Sośnickiej.
153. Bracia Dzióbińscy śpią w namiocie.
154. W „zieloną noc" dzieci robiły sobie psikusy.
155. Noc Świętojańska to słowiańskie święto związane z przesileniem słońca.
156. Marysia wstydzi się, że podczas wakacji nie przeczytała ani jednej książki.
157. Ziutek rozkoszuje się smakiem poziomek.
158. W sierpniu w Świedziebni głośno cykały świerszcze.
159. Maciek zjadł śniadanie w zajeździe Pod niedźwiedziem.
160. Joasia i Marysia zwiedzają pałac Łazienkowski zwany również pałacem Na Wodzie.
161. Zosia ściska w garści grosik na szczęście.
162. Jędruś złości się, że sielawa ma dużo ości.
163. Po leśnej ścieżce ślamazarnie pełzło pięć ślimaków.
164. W ośrodku wczasowym gościła znana śpiewaczka.
165. Gaździna sprząta pokoje gościnne.
166. Maciek obchodzi w sierpniu dziesiąte urodziny.
167. Bocian jest symbolem Podlasia.
168. Dziadek posadził Wieśka w przedziale i wysiadł z pociągu na stacji w Cieszynie.
169. Jadzia jedzie na wielbłądzie.
170. Małgosia ma za ciasne buciki i chodzi po Łodzi, krzywiąc buzię.

2. ĆWICZYMY GŁOSKI: S, Z, C, DZ

Ćwiczenia artykulacyjne
- Rozciągaj i zwężaj wargi (na przemian).
- Naśladuj odgłos karetki pogotowia: eo eo eo...
- Wykrzywiaj usta w lewo, a potem w prawo.
- Wysuwaj język na brodę, a potem chowaj do buzi.
- Oblizuj dolną wargę.
- Oblizuj dolne zęby.
- Rób wahadełko, przesuwając język z jednego kącika ust do drugiego.

Ćwiczenie trudnych artykulacyjnie głosek w logotomach
Na naszą planetę przylatują sympatyczne Syczki. Ich pojazd ląduje w pięknym ogrodzie. Syczki spacerują wśród kwiatów, podziwiają przyrodę i nazywają świat po swojemu. Pobaw się, proszę, z przybyszami i naucz się kilku słów w ich języku:

jabłoń ▶ sa-su-sy-sa
śliwa ▶ ce-cu-co-co
róża ▶ za-zy-zo-za
altana ▶ dzo-dzu-dza
grządka ▶ su-sy-so
agrest ▶ ca-cy-ca
pomidory ▶ ze-zo-za
trawa ▶ sa-sa-se
stokrotki ▶ se-ce-ce
koniczyna ▶ se-su-ca

Ćwiczenie trudnych artykulacyjnie głosek w wyrazach

1. Połącz elementy na obrazkach z odpowiednimi wyrazami:

- stół   • plecak   • miska   • ognisko

- owoce   • sok   • turysta   • kiełbaski

2. Połącz elementy na obrazkach z odpowiednimi wyrazami:

- statek   • skały   • bosman   • wodospad

- kotwica   • zatoka   • most   • las

ĆWICZYMY GŁOSKI: S, Z, C, DZ

3. Połącz elementy na obrazkach z odpowiednimi wyrazami:

- spódnica
- koc
- sukienka
- latawiec

- spodenki
- basen
- chłopiec
- walizka

Zdania proste i złożone utrwalające poprawne brzmienie „s", „z", „c", „dz"

1. W lipcu Alicja cieszyła się gorącym słońcem.
2. Statek wpłynął do Zatoki Gdańskiej.
3. Sebastian i Sonia zwiedzają zamek w Zambrowie.
4. Na Słowacji Stefan wspinał się po skałach.
5. Stado owiec ruszyło na wypas, dzwoniąc dzwoneczkami.
6. Psotna kózka zjadła kapustę.
7. Celnicy zatrzymali zestresowaną Zuzannę na granicy albańsko--greckiej.
8. Anastazja skosztowała wędzonego oscypka.
8. Na Oceanie Spokojnym jest wiele wspaniałych wysp.
9. W muzeum w Słupsku Sławek podziwia słynne obrazy Witkacego.
10. Zenek nie dostał wizy i nie może popłynąć statkiem do Nowej Zelandii.

ĆWICZYMY GŁOSKI: S, Z, C, DZ

11. Gospodyni Zofia sprząta stodołę, wesoło pogwizdując.
12. Stefan zwiedza stolicę Polski.
13. Bazyli wysłał siostrze widokówkę z Trójmiasta.
14. Sylwia zgrabnie wskoczyła do basenu.
15. Krystyna ma kostium kąpielowy w paski.
16. Wąsaty bosman stoi na statku.
17. W Bolesławcu Stefania kupiła niebieską sukienkę.
18. Dionizy zbiera kłosy zboża.
19. Lucjan puszcza latawce na łące w Sławkowie.
21. Alicja opala się na kocu.
22. Eliza wącha pachnące akacje.
23. Kacper buduje zamek z piasku.
24. Anastazja jest pod urokiem wielkich wodospadów.
25. W wesołym miasteczku Teresa odwiedziła stanowisko zabawkowe.
26. Zbyszek w starym zamczysku zobaczył sowę.
27. Na górskiej łące pasie się stado owiec.
28. Konstancja zwiedza Bratysławę.
29. W ambasadzie francuskiej Stefan odprawiał interesantów.
30. Cezary leci samolotem do Singapuru.
31. Lucjan usnął na ławce w Ustce.
32. Celina podziwia dzwon Zygmunta.
33. Wiesław wolno posuwa się poprzez piaski Pustyni Błędowskiej.
34. Podczas burzy w Pułtusku Klemens liczy błyskawice.
35. Mirosław rozbił namiot w Izbicy Kujawskiej
36. Spadochroniarz rozplątywał sznurki spadochronu.
37. Justyna smakuje soczystego arbuza.
38. W sobotę zuchy rozpalą ognisko i będą piec kiełbaski.
39. Bazyli skacze po kładce na Wisłoce.
40. Staszek nastraszył Sonię na zamku w Legnicy.
41. Susza wysuszyła górskie pastwiska.
42. Zofia pozuje do zdjęcia na tle kopalni złota w Złotym Stoku.
43. Cezary ma niebieski plecak.

ĆWICZYMY GŁOSKI: S, Z, C, DZ

44. Stefan obserwuje smukłą sylwetkę latarni morskiej.
45. Sylwia spóźniła się na pociąg do Sopotu.
46 Na lotnisku wylądował samolot z Grecji.
47. Stryj Jacka pracuje w skansenie.
48. W sobotę będziemy zwiedzać Wąchock i zobaczymy opactwo Cystersów.
49. Sonia opala się na kocu w paski.
50. Sebastian ma brązowe, opalone plecy.
51. Stefan zmienia koło na stacji benzynowej w Sośnicowicach.
52. W bezchmurną noc jasno świecą gwiazdy.
53. Jacek poprzez Pacyfik płynął do Polinezji.
54. Wacław spędza wakacje w Tunezji.
55. Sabina leci na indonezyjską wyspę Sumatrę.
56. Sebastian jedzie samochodem do Sanoka.
57. Podczas wakacji Ignacy czytał „Wyspę Skarbów".
58. Sebastian odwiedził Jastarnię na Półwyspie Helskim.
59. Wisła jest najdłuższą rzeką w Polsce.
60. W krakowskich Sukiennicach sprzedawane są piękne ozdoby.
61. W muzeum Zdzisław widział złote dzbany, srebrne pieniądze i brązowe ozdoby.
62. Sylwia wybiera się na festiwal do Sopotu.
63. Zygmunt robi Soni zdjęcia na łące.
64. Zuzanna podziwia bogato zdobiony most w Pradze.
65. Statek zacumował w porcie.
66. Kacper zwiedza opactwo w Tyńcu.
66. Łucja nuciła wesołą piosenkę o wakacjach i gorącym słońcu.
67. Samanta w sobotę wybiera się na spływ Dunajcem.
68. Zofia jada na stołówce i co dnia czyta jadłospis.
69. Stefan odpoczywa z dala od zgiełku.
70. Sylwia i Cezary poszli na tańce do gospody.
71. Zygmunt wysłał syna na wakacje do Tunezji.
72. Celina spędza wakacje na beztroskiej zabawie z kuzynką.

ĆWICZYMY GŁOSKI: S, Z, C, DZ

73. Bolesław stoi obok stalowej kotwicy i ustawia się do zdjęcia.
74. Łucja spowiada się po wakacjach w Grecji.
75. Turysta z zachwytem spoglądał na zachodzące słońce.
76. Sebastian podziwia w skansenie malutkie chatki i zagrody gospodarskie.
77. Suchą szosą sunie autobus do Suwałk.
78. Eliza znalazła nocleg w zacisznym zakątku Suwałk.
79. Celina codziennie dzwoni i wysyła esemesy do tęskniącej córki.
80. Na wakacjach Zenek poznał prezentera znanej stacji telewizyjnej.
81. Wesoła muzyka zachęcała kuracjuszy do tańca i zabawy.
82. Celina przesypuje przez palce sypki piasek.
83. Sabina na wakacjach zawarła wiele nowych znajomości.
84. Osmagany wiatrem i słońcem bosman snuł fascynujące opowieści o morskich potworach.
85. Jacek wyjechał na obóz językowy.
86. Sylwia rozkoszuje się zapachem lasu.
87. Zuzanna błyska białymi zębami, uśmiechając się do zdjęcia na dworcu w Zwardoniu.
88. Celina stoi na przystanku PKS i czeka na autobus do Suwałk.
89. Sławek z zachwytem zwiedza nieznane mu dotąd okolice.
90. Zenek beztrosko skacze i biega po podwórku.
91. Obcokrajowiec odwiedził stolicę Polski.
92. Zenek zebrał suche drewno, aby rozpalić ognisko.
93. Zygfryd i Sonia stoją przed stołówką.
94. Samuel zachwala Mazowsze.
95. Wyżyna Lubelska słynie z wąwozów lessowych.
96. Dionizy znalazł interesujące miejsce na nocleg.
97. Sabina skubie pestki słonecznika.
98. Kryspin kupił arbuzy na straganie w Stradomiu.
99. Seweryn śpiewa miłosne serenady.
100. W Augustowie August zrywał agrest.
101. W sobotę Łucja jedzie na imprezę muzyczną do Sulejowa.

102. Teresa chce zobaczyć zachód słońca w Słupsku.
103. Zenek podziwiał mozaikę w pałacowej sali.
104. Na koncercie w Sopocie występował Zbigniew Wodecki.
105. Iza spędza wakacje na Półwyspie Iberyjskim.
106. Cecylia zwiedza zamek w Niepołomicach.
107. Gazda zagania owce do zagrody.
108. Zbyszek zapalił zapałkę i rozniecił na polanie ognisko.
109. Eliza spakowała do plecaka: kostium kąpielowy, plisowaną spódnicę, sztruksowe spodnie, satynową bluzkę i pocerowany dres.
110. Statek płynie poprzez Ocean Indyjski.
111. Sylwia spędziła noc na wyspie Rodos.
112. Zapracowany Stefan pragnie spędzić wakacje na bezludnej wyspie.

ĆWICZYMY GŁOSKI: S, Z, C, DZ

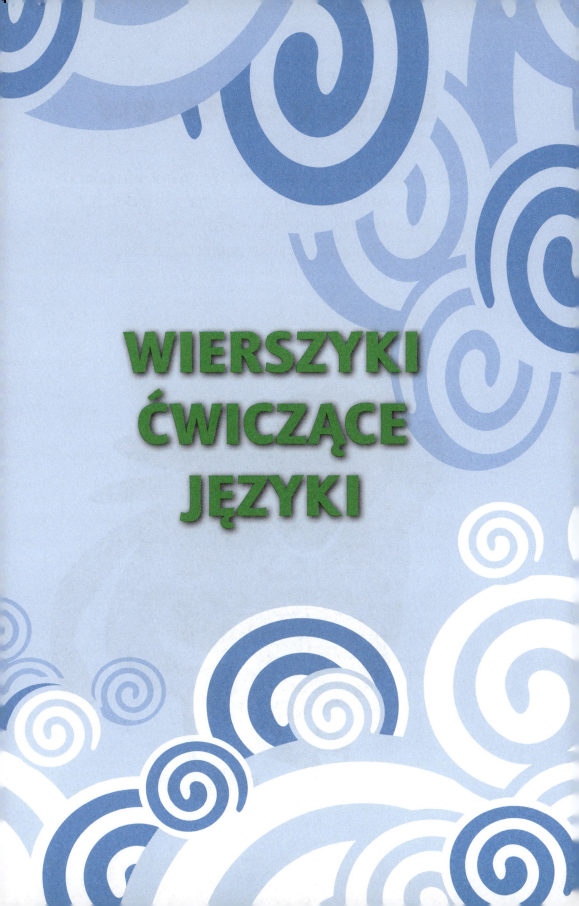
WIERSZYKI ĆWICZĄCE JĘZYKI

Śpiący cietrzew

Kiedy cietrzew drzemie, wtedy nawet muszka
nie chcąc go obudzić, skacze na paluszkach.
Niewyspany cietrzew, każdy o tym wie,
zwykle bardzo szybko zacietrzewia się.

Szczygieł i jemiołuszka

Szczygieł szczebiocze z jemiołuszką:
– Skusi się pani na jabłuszko?
– Owszem, szczygiełku, lecz niedużo,
gdyż się przejadłam dziką różą.

Dźwięki i brzdęki

Bębni bębniarz w bęben. Bęc!
A ja brzdęknę, będziem więc
pięknie miękki dźwięków kłąb
wydobywać z naszych trąb.

Trąby trąbią tra ta ta!
Błądzi nocą nuta ta,
pęka, stęka, jęczy i
kłębi się u moich drzwi.

Jesień

Kiedy mija wrzesień, to wtedy niezmiennie
wiatr ze świstem strąca z drzew uschnięte liście.
Na świecie się robi tak bardzo jesiennie.
Na świecie się robi złociście i dżdżyście.

Co jeść?

Gość jeść kiść chce, a teść ość.
To jest radość – ogryźć kość!
Siąść i pojeść. I pal sześć,
mdłość i miłość w sercu gnieść.

Cieć do boćka mówi: – Chodź
poić płoć i upić troć,
nadgryźć ćwikły ćwierć i żuć.
Paćkę i boćwinę zmłóć.

Giez znad Bzury

Pewien giez znad rzeki Bzury,
zamiast jak gzy inne bzykać,
bzdury plótł, jak mało który.
Na tle bzdur tych miał wręcz bzika.

Giez od świtu do wieczora
plótł trzy po trzy i od rzeczy.
W końcu poszedł do doktora,
który z tego go wyleczył.

Świergotanie na polanie

Ćmę ćmi głowa, świerszcz chce cykać,
wróbel ćwierkać, a bąk bzykać.
Miś, gęś, ryś, łoś, struś w paśniku
śmieją się przy naleśniku.

Świstak śwista. Świergotanie
skądś się niesie na polanie.

A oślica śpi pod wiśnią.
Świeże śliwki jej się przyśnią.

Kadź w Dźwinie

W rzece Dźwinie pływa kadź,
do tej kadzi gwoździe wsadź.
Spójrz na gwoździe, a tam śniedź.
Idźże, zrób coś, a nie siedź!

Młódź miedź dźwigiem kładzie w łódź.
Miedź za długa? To ją skróć.
Łabędź Jadźki oraz śledź
źdźbło na żerdzi chcą dziś mieć.

Ślimak

Ślimak nie musi do domu się śpieszyć.
Ślimak potrafi życiem się cieszyć.
Zamiast w pośpiechu żyć oraz w pędzie,
swój dom na grzbiecie zabiera wszędzie.

Oferta

Sprzedam kalosze za cztery grosze
albo zamienię je na bambosze.
W ramach promocji dorzucić mogę
dziurawy trampek na prawą nogę.
Oferta ważna będzie do środy.
Co do kaloszy – boją się wody.

Pichcenie bucht

Pichci w ciuchci Boguchwała
buchty z chrzanem, tak jak chciała.
Szlachcic Albrecht (chwat, łachmyta)
rychło chciwie buchty schwyta,
a ciotuchna (pulchna pchlica)
w kruchcie kuchnią się zachwyca.
Kuchmistrz chwali, zachwyt buchnie,
a matuchna je i puchnie.

Goguś Boguś

Goguś Boguś, miast leźć w maź,
chciałby gryźć kiść niczym paź.
Miast kaźmierską czeladź dźgać,
znacznie lepiej źdźbło jej dać.

Goguś Boguś, miast grząźć w waśń,
woli znaleźć mroźną baśń.
Buźka Baśki lśni we śnie,
upleść miłość sobie chce.

Dziwny wierszyk

Bandzior bardzo brudzi chodzik.
Dziwny ludzik to, bo młodzik.
Znudził Zdzicha. Bundz w cedzaku
dziś gdzieś wsadził. Siedzi w Baku.

Madzia Jadzi sadzi rydze.
Brodzi w wodzie, wszak to Wdzydze.
Idzie Idzi i przy drodze
dzidą dziabie smardze srodze.

Biesiada w lesie

Jasio ptysie Basi nosi,
kisi kisiel dla Małgosi,
dusi sosik i pitrasi
prosię w sianie – to dla Basi.

Sieka kłosik po kłosiku,
aby sieczkę mieć w klopsiku.
Kwasi siemię i wiesiołek,
aby siorbać mógł osiołek.

O wisienkę prosi Tosia,
o owsiankę zaś Małgosia.
Wiesio zaś łososia niesie,
na biesiadę dzisiaj w lesie.

Siedem misiów

Przy pasiece siedzą misie.
Widzę Jasia, Zdzisia, Krysię,
Stasia, Zosię, Kasię, Asię.
Siedem misiów w pełnej krasie.

Zdziś z Osieka, Jaś z Łasina,
Staś i Zosia z Ludwisina,
Krysia z Książa, no a Kasia
oraz Asia są z Podlasia.

Siedzą misie przy pasiece.
Obok łosie w Kwisie (rzece)
biesiadują, a w melisie
gąsior pasie księdza rysie.

Kazio zielarz

Kazio Ziemniak się obraził,
bo mu Józio w zioła właził.
Kazio zielarz zioła zwozi,
kozik ma, więc sieka, mrozi.

Józio Zięba, znany łazik,
od Poziomki kupił gazik,
by guzików wozić tuzin,
lecz Poziomka, zięć i Gruzin,
zimą zioła wozi Zuzi.
Ziółka ma, dostanie buzi.

„Łobuziaku!", woła Zuzia
i na Józia Ziębę huzia!
A Poziomkę na trapezie
nózią kopie, ile wlezie.
Łobuziaki! Śle po kniazia,
by uwięził wrogów Kazia.

Maciek, Miecio i kicia

W Pcimiu Maciej płaci krocie,
by mógł kociak psocić w błocie,
ścigać Miecia i przewrócić,
lecieć wściekle i powrócić.
Maciek płaci kici dwieście
za oplucie gości w mieście.

Kiedy Miecio się przewrócił,
Gucio z ciocią Miecia cucił.
Ciepły kwiecień złocił liście,
uciął Gucio kwiecia kiście,
by w leciwe Miecia ciało
wrócić życie wreszcie chciało.

Kotki-psotki

Jak wiadomo, każdy kot
miłośnikiem bywa psot.
Złościć się więc nie ma sensu,
gdy kot strąci coś z kredensu
albo kiedy z kłębkiem włóczki
na podłodze robi sztuczki.
Na nic krzyki i tupanie,
gdy kot skacze po tapczanie
lub ukryty za kotarą
ze skarpetą walczy starą.
Bowiem kot, który nie psoci,
jest po prostu niezbyt koci.

Wiosenna sanna

Wśród sasanek suną sanie,
w saniach siedzą smętne panie
w strojnych sukniach batystowych
prosto od słynnych krawcowych.

Suną sanie wśród krokusów,
w saniach siedzi stu piegusów,
sącząc słomką smaczny, zdrowy
sok o smaku sasankowym.

Jak to? Sanie i sasanki?
Sunące w krokusach sanki?
Tak, panowie oraz panie!
Bo to są wiosenne sanie!

Pocieszna Czeszka

Pocieszna Czeszka z Czeskiego Cieszyna
często zaprasza Cześka do kina.
Czesiek się cieszy, bo owa Czeszka,
ta, która w Czeskim Cieszynie mieszka,
częstuje Cześka ciasteczkami,
trzęsąc pociesznie warkoczami.
Cieszy się Czesiek, Czeszka się cieszy,
zwłaszcza gdy Czesiek czymś ją rozśmieszy.

Śledztwo śledzia

Śledź dziewięć godzin na kłodzie siedział,
śledząc sąsiada, lecz sąsiad wiedział,
że śledź go śledzi, bo mu powiedział
o tym zięć śledzia, więc śledztwo śledzia
się nie udało – próżno śledź siedział…

Kuracja w mazi

Nad Dźwiną dziarska wiedźma Madzia
dziabała dzidą w miedzianych kadziach
dzięgiel, dziewanny i dzikie zioła.
Dźwięk dziabnięć dzidy dźwięczał dokoła.
– Co robisz, wiedźmo, dziwi się Jadzia –
Co tam tak dziabiesz dzidą w tych kadziach?
– Nie marudź, Jadziu, spójrz na tę maź
w miedzianej kadzi, więc w tę maź właź!
Dziś każda wiedźma ci to powie:
Ziołowa maź to samo zdrowie!
Zdrowie i mnóstwo przyjemności,
ta w kadzi maź to maź piękności!

Co lubią ćmy?

Przyleciał raz trzmiel z Tczewa
do ćmy z Ćmielowa w gości.
– Cześć, ćmo, jak się dziś miewasz?
Czy wciąż, ćmo, lubisz ciemności?

– Ach, oczywiście! Ciemność ćma
lubi najbardziej na świecie,
a tu, w Ćmielowie ciemność dla ciem
najlepsza jest w powiecie.
Zmierzch, zmrok i ciemność, i gęste mgły
największa radość to dla ćmy!

Autorzy: **Sylwia Chmiel, Janusz Jabłoński, Krzysztof Żywczak**
Projekt i opracowanie graficzne: **Mariusz Dyduch**
Korekta: **zespół redakcyjny**
Projekt okładki: **Maciej Pieda**

Opracowanie graficzne na podstawie ilustracji:
Shutterstock.com: 501room, abeadev, ADE2013, AKIllustration, Alejandro Ronay, Alekksall, Aleksey Mishin, Alena Kozlova, Alexander Ryabintsev, Alexey Pushkin, Alexey VI B, alexokokok, Alhovik, Aliaksei_Z, Alkestida, Alsou Shakurova, Amalga, Amplion, Anastasiia Kucherenko, Andrew Derr, Andrey Makurin, Ann Precious, Anna.zabella, Anthony Krikorian, AntiMartina, Anton Brand, Anton Lunkov, Apolinarias, Archeophoto, Ashley Miller Designs, ayelet-keshet, azin-v, Bannykh Alexey Vladimirovich, Bardocz Peter, bekulnis, Beskova Ekaterina, bilha golan, Bipsun, Blondinka89, bluedarkat, BlueRingMedia, BoBaa22, Boguslaw Mazur, Bridzia, Budi Susanto, cartoons, chaika, ChromaCo, Click49, Cory Thoman, Crystal Eye Studio, Dacian G, Danilo Sanino, Davi Sales Batista, Dawn Hudson, Decha Thapanya, dedMazay, Denis Cristo, Dennis Cox, Don Purcell, Egret77, Eireen Z, Elena Kalistratova, Elenarts, ElenaShow, Elfwilde, Elizabeta Lexa, EV-DA, Fleur Paper Co, fongman, Fotonium, frescomovie, Galina 2703, gnurf, Goran Bogicevic, grop, guillermo cubillos, h4nk, HitToon, Igor Dudas, Igor Zakowski, iralu, Isaac Marzioli, Ivana Forgo, Jane McIlroy, janista, Jef Thompson, John David Bigl III, JonahWong, JorgeAlcay, k_t_graphics, Kamenuka, Kate Shannon, Katherine84, Ken Cook, Kidsana Maimeetook, Klara Viskova, Knopazyzy, Kopirin, kostins, KPG Ivary, Laralova, LenLis, Les Perysty, Lilu330, lineartestpilot, Liusa, Lizavetka, LoopAll, Lorelyn Medina, Luciano, Lyudmyla Kharlamova, maraga, Margarita Vodopyanova, MariPo, Mascha Tace, Matthew Cole, Mike McDonald, miobi design, Miro Kovacevic, mixform design, Mmaxer, moj0j0, Moriz, MuchMania, Muhammad Desta Laksana, Nat Thom, Nicholas Greenaway, Nicolai Ivanovici, NokHoOkNoi, NoraVector, Oakozhan, Oceloti, ojal, OK-SANA, Oksana Alekseeva, Olga Ivanova, Olga_Angelloz, Onyshchenko, oriori, Ovchynnikov Oleksii, paprika, patrimonio designs ltd, Paulo Resende, paulrommer, paween, PGMart, piplou, Polovinkin, primiaou, ptits_ptits, Renee Reeder BFA, Ron Leishman, Rozhkovs, sababa66, Sapik, Sarawut Padungkwan, schwarzhana, Screwy, Seamartini Graphics, Sean Causley, Sign N Symbol Production, SlipFloat, Son80, song_mi, SoRad, sparkstudio, Spreadthesign, steckfigures, stockillustration, stockshoppe, Stoker-13, Studio Barcelona, Sujono sujono, Sylvie Bouchard, Tatjana Russita, TAW4, Teguh Mujiono, Tomacco, ToraKarym, totallyjamie, Triling Studio LTd, tulpahn, Vadim Georgiev.j, VanDenBlind, VectorShots, vip2807, Virinaflora, vitasunny, VOOK, ya_mayka, Yagello Oleksandra, Yauheni Onegin, Yelena Panyukova, Yulia M, yusufdemirci, ZenFruitGraphic.

Ilustracja no okładce: Lyudmyla Kharlamova

Wydanie I
© Copyright by Wydawnictwo Dragon Sp. z o.o.
Bielsko-Biała, 2018

Wydawnictwo Dragon Sp. z o.o.
ul. Barlickiego 7
43-300 Bielsko-Biała
www.wydawnictwo-dragon.pl

ISBN 978-83-7887-797-4

Wyłączny dystrybutor:
TROY-DYSTRYBUCJA sp. z o.o.
al. Solidarności 115/2
00-140 Warszawa
tel./faks 22 725 78 12

Oddział
ul. Kręta 36
05-850 Ożarów Mazowiecki

Zapraszamy na zakupy na:
www.troy.net.pl
Znajdź nas na:
www.facebook.com/TROY.DYSTRYBUCJA